VILLE d'AURAY

RÈGLEMENT

DU

Régime des Retraites

ET

STATUT

des Employés Communaux

VANNES

Imprimerie Ouvrière Vannetaise, 46, rue du Mené.

1923

VILLE d'AURAY

- - -

RÈGLEMENT

DU

Régime des Retraites

ET

STATUT

des Employés Communaux

VANNES

Imprimerie Ouvrière Vannetaise, 46, rue du Mené.

—

1923

RÈGLEMENT

relatif à la constitution d'une rente viagère pour les Employés Communaux de la Ville d'Auray au moyen de versements à la Caisse Nationale des Retraites pour la Vieillesse

---

NOUS, Maire de la ville d'Auray,

Vu la loi du 5 avril 1884 ;

Vu les lois et décrets qui régissent la Caisse nationale des retraites pour la vieillesse ;

Vu les statuts du personnel municipal de la ville d'Auray approuvés par M. le Préfet du Morbihan le 20 septembre 1920 ;

Vu les délibérations du Conseil municipal en dates des 21 octobre, 18 novembre 1922 et 17 mars 1923,

ARRÊTONS :

ARTICLE PREMIER. — Le présent règlement a pour but d'assurer aux employés municipaux une rente viagère, à jouissance différée, constituée à la Caisse nationale des retraites pour la vieillesse.

ART. 2. — Sont admis à participer aux charges et aux avantages spécifiés dans le règlement, les employés et agents municipaux nommés par arrêtés du maire, conformément aux règlements du personnel et appartenant aux catégories suivantes :

a) Employés du secrétariat de la mairie ;

b) Agents de perception des droits de places et de l'octroi ;

c) Surveillant-conducteur des travaux de la voirie ;

d) Cantonnier-paveur ;

e) Agents de la police municipale.

ART. 3. — Les versements effectués à ladite Caisse nationale proviennent :

a) D'un prélèvement de *cinq pour cent* (5 %) opéré sur toutes les sommes payées par la ville aux employés municipaux à titre de traitement annuel et fixe. Ce prélèvement est obligatoire et l'acceptation de ce mode de constitution de retraite forme une clause tacite du contrat qui lie les intéressés à la ville ;

b) D'une contribution de la ville, versée au nom personnel de chaque employé et égale à ce prélèvement, de *cinq pour cent* (5 °/₀).

Les rentes provenant de la part contributive de la ville sont incessibles et insaisissables, en vertu et dans les limites de l'article 65 de la loi du 17 avril 1906.

Art. 4. — Le receveur municipal prélèvera chaque mois sur les mandats de paiement du personnel le montant des retenues indiquées à l'article précédent. Le montant des subventions à la charge de la ville sera mandaté tous les trimestres, sur un état nominatif des employés bénéficiaires, au nom du receveur municipal.

Celui-ci versera les retenues et subventions, à la fin de chaque trimestre, à la Caisse nationale des retraites pour la vieillesse, en vue de constituer à chaque employé une rente viagère dans les conditions prévues par les lois et règlements qui régissent la Caisse.

Art. 5. — Les employés opèrent, à leur choix, leurs versements personnels à capital aliéné ou à capital réservé. Les versements de la ville sont toujours effectués à capital aliéné.

Art. 6. — En cas de mariage, les agents *hommes* devront faire connaître s'ils entendent faire profiter leur conjoint des versements auxquels ils auront été astreints.

Dans l'affirmative, ces versements profitent, par moitié, à chaque conjoint, sauf s'il y a séparation de corps ou de biens, ou divorce.

Art. 7. — Lors du premier versement, l'entrée en jouissance de la pension de retraite viagère des employés est fixée à l'âge de cinquante-cinq (55) ans, mais la délivrance de la rente, qui est différée tant que l'intéressé reste en fonctions, peut être obtenue à toute année d'âge accomplie, de cinquante-cinq (55) ans à soixante-cinq (65) ans, dans les conditions prévues par l'article 16 de la loi du 20 juillet 1886, modifié par l'article 45 de la loi du 29 mars 1897.

ART. 8. — Toutefois, reste acquis aux intéressés le bénéfice de l'article 2 de la loi du 20 juillet 1886 qui permet, en cas de blessures graves ou d'infirmités prématurées, régulièrement constatées, entraînant une incapacité absolue de travail, de liquider la pension, même avant cinquante (50) ans et en proportion des versements effectués.

ART. 9. — En cas de démission, comme en cas de congé sans salaire, le montant des prélèvements et parts contributives de la ville, correspondant aux rétributions restant dues à la date du départ ou de la mise en congé sans salaire, est versé à la Caisse nationale des retraites.

En cas de décès, le montant des prélèvements et parts contributives acquis à la date du décès est payé aux ayants droit de l'employé décédé, au lieu d'être versé à la Caisse nationale des retraites.

ART. 10. — Tout employé titulaire d'un emploi avant l'âge de vingt et un (21) ans rentre dans les conditions des articles 2 et 3 ci-dessus.

Celui qui est appelé à accomplir la durée du service militaire obligatoire peut continuer personnellement, pendant ce temps, des versements ou les interrompre.

La contribution de la ville est, en tous cas, suspendue pendant la durée de son absence.

ART. 11. — Tout employé municipal, actuellement en fonctions, âgé, au 1er janvier 1923, de moins de quarante (40) ans, sera soumis d'office aux dispositions du présent règlement.

ART. 12. — Tout employé municipal, actuellement en fonctions, âgé, au 1er janvier 1923, de plus de quarante (40) ans, sera tenu de faire connaître s'il désire ou non participer aux charges et aux avantages du présent régime en vue de la constitution de sa retraite.

Art. 13. — Lors de l'entrée en application du présent règlement, tout employé âgé de plus de quarante (40) ans, et qui n'aura pas opté pour la constitution d'une rente viagère dans les conditions ci-dessus, restera soumis aux dispositions générales de la loi des retraites ouvrières du 5 avril 1910.

Art. 14 — Les rentes viagères à servir par la Caisse nationale des retraites pour la vieillesse seront liquidées conformément aux lois et règlements qui la concernent.

Art. 15. — Le maire a le droit de demander cette liquidation d'office pour tout employé communal ayant soixante (60 ans d'âge révolus.

Art. 16. — La limite d'âge à partir de laquelle la rente viagère sera liquidée d'office, et chaque employé communal radié des contrôles, est fixée à soixante-cinq (65 ans révolus.

Art. 17. — Le receveur municipal est désigné pour remplir les fonctions d'intermédiaire auprès de la Caisse nationale des retraites pour la vieillesse. Il sera, en cette qualité, détenteur des livrets individuels de tout le personnel, délivrés gratuitement par la Caisse.

Art. 18. — Chaque employé sera propriétaire de son livret individuel. Il a le droit d'en avoir communication sans déplacement. Il l'emportera avec lui quand il quittera l'administration municipale, quel que soit le motif de son départ.

Art. 19. — Le présent règlement sera appliqué à partir du 1er janvier 1923.

Fait à Auray, le 15 décembre 1922.

Le Maire d'Auray,

L. HUETTE.

Vu pour être annexé au décret du 14 juin 1923.

Pour le Ministre de l'Intérieur :

*Le Conseiller d'Etat, Directeur de l'Administration départe-
mentale et communale,*

Signé : A. LABUSSIÈRE.

Pour ampliation :

*Le Chef du 3ᵉ Bureau de la Direction du personnel et de l'Ad-
ministration générale,*

Signé : ILLISIBLE.

Pour copie conforme :

Auray, le 26 juin 1923.

Le Maire,

L. HUET.

STATUT

DES

Fonctionnaires Municipaux

CHAPITRE PREMIER

Organisation du Personnel des Services communaux

L'Administration communale est divisée en cinq services principaux, savoir :

1° *Bureau de la Mairie :*
a) Secrétariat,
b. Ravitaillement (provisoire) ;
2° *Perception des droits de places ;*
3° *Abattoir ;*
4° *Bâtiments communaux et Voirie ;*
5° *Police municipale.*

Bureaux de la Mairie

Le secrétariat de la mairie comprend :

1° Le secrétaire-chef s'occupant plus spécialement de la correspondance, des rapports et ayant sous sa direction le travail des autres employés ;

2ᵉ Un premier secrétaire s'occupant plus spécialement de l'État civil ;

3° Un deuxième secrétaire employé aux questions de prévoyance, lois sociales et affaires militaires.

Ravitaillement — Le service de ravitaillement comprend :

1° Un secrétaire ;
2° Un expéditionnaire.

Perception des droits de places

Ce service comprend un receveur et des auxiliaires payés à la journée.

Service de l'Abattoir

Ce service comprend également un receveur, préposé à la garde de l'établissement.

Bâtiments communaux et Voirie

Ce service comprend :
1° Un surveillant-chef ;
2° Un cantonnier-paveur ;
3° Un fossoyeur, gardien du cimetière ;
4° Femmes de service aux écoles publiques.

Police municipale

Le personnel comprend :
1° Un commissaire de police ;
2° Un agent de ville ;
3° Un garde champêtre.

CHAPITRE II

Recrutement

Le personnel ouvrier, payé à la journée, n'est compris dans aucune catégorie du personnel municipal.

Le maire, après avis du Conseil municipal, peut augmenter ou diminuer le nombre des employés communaux selon les besoins du service.

Les titulaires d'emplois des différents services communaux, tels que ces services sont organisés par le conseil municipal et pour lesquels les lois, décrets et ordonnances ne fixent pas un droit spécial de nomination, sont recrutés au concours ou après examen, suivant la nature de l'emploi. Pour être admis, les candidats (hommes ou dames) doivent jouir de leurs droits civils, être français et âgés de vingt et un (21) ans, au moins. Les candidats doivent, en outre, avoir satisfait aux lois sur le recrutement de l'armée.

Les mutilés et blessés de guerre, remplissant par ailleurs les conditions exigées, et, à mérite égal, auront droit de priorité sur les autres candidats.

Toutefois, les candidats nommés à un emploi ne seront titularisés qu'après un stage de six (6) mois, sur l'avis du maire.

Le candidat qui, à l'expiration de ce délai, n'a pas été titularisé est congédié sans qu'il puisse prétendre à une indemnité.

Pour le décompte des services, il sera tenu compte du stage accompli par l'employé titularisé.

Limite d'âge

La limite d'âge pour les employés communaux est fixée à soixante (60) ans. Le maire se réserve, après avis du conseil municipal, de dépasser cette limite pour les bons serviteurs susceptibles de remplir encore utilement leur emploi.

CHAPITRE III

Avancement

L'avancement ne sera accordé qu'aux employés qui se seront signalés d'une façon toute spéciale par leur zèle dans l'exercice de leurs fonctions en tenant compte, à mérite égal, des années de services.

Le dossier de chaque employé sera régulièrement tenu par le secrétaire-chef. Il contiendra toutes les notes périodiques, les félicitations, les peines disciplinaires, les absences par congés ou pour cause de maladie, etc… Ce sera une sorte de compte moral dont s'inspirera le maire toutes les fois qu'il aura à statuer sur les avancements.

Tout employé qui tombe malade doit informer immédiatement son chef de service ou le maire et produira un certificat médical si la maladie excède deux (2) jours.

Dans le cas d'interruption de service prolongée pour cause de maladie constatée par un médecin désigné par l'administration communale, l'employé conserve l'intégralité de son traitement pendant les trois premiers mois. Pendant les trois mois suivants, il ne recevra que la moitié de son traitement.

Si, après l'expiration des six (6) mois visés plus haut, l'employé se trouve dans l'impossibilité de reprendre son service, le conseil municipal statuera s'il y a lieu de lui accorder, à titre tout à fait exceptionnel, une nouvelle prolongation à demi (1/2) traitement.

Toutefois, ces congés ne pourront être accordés plus d'une fois dans une période de trois (3) années et si de nouveaux congés pour raisons de santé étaient sollicités pendant cette période triennale, la durée des congés payés serait laissée à l'appréciation du maire.

L'employé qui aura bénéficié d'un congé de maladie ne dépassant pas les six (6) mois, ou d'une nouvelle prolongation accordée par le conseil municipal, sera réintégré dans ses fonctions. Si, au contraire, la maladie a dépassé ces délais, l'employé pourra être mis en disponibilité et remplacé dans ses fonctions. Dans ce cas, il pourra faire valoir ses droits à la première vacance qui se produira dans le personnel si ses aptitudes lui permettent d'occuper l'emploi disponible et s'il est reconnu apte à supporter les fatigues par un médecin désigné par le maire.

Il est interdit à tous les employés municipaux, y compris les agents de police et de l'octroi, d'exercer un commerce de quelque nature qu'il soit, de diriger une industrie, même à titre de gérant, de se livrer à des travaux de clientèle. Les femmes d'employés, agents et ouvriers commissionnés ne peuvent tenir aucun commerce concernant les boissons à consommer sur place. Pour la tenue d'un autre genre, la municipalité devra toujours être saisie d'une demande d'autorisation.

Les autorisations visant des cas spéciaux seront l'objet de décisions du maire.

A moins de raisons particulières approuvées par le maire, tous les employés et agents doivent habiter la commune.

Une commission composée de :

Le maire ou un adjoint délégué ;

Trois conseillers municipaux désignés par leurs collègues ;

Le secrétaire-chef de la mairie,

Sera chargée d'établir, chaque année, avant le 1er juillet, le tableau d'avancement.

Il est créé cinq (5) classes dans chaque emploi. Les traitements correspondants sont indiqués dans le tableau ci-après :

Quand les employés seront logés dans des bâtiments communaux, la valeur du loyer sera comprise dans les appointements pour une valeur de cent (100) francs.

En plus des traitements indiqués ci-dessus, les avantages suivants sont accordés pour charges de famille :

Allocation de 5 francs par mois pour le premier enfant ;

Allocation de 10 francs par mois pour le deuxième enfant ;

Allocation de 15 francs par mois pour chaque enfant à partir du troisième.

CHAPITRE IV

Discipline

Le conseil de discipline est composé des membres faisant partie de la commission d'avancement à laquelle sont adjoints deux (2) employés municipaux titulaires, désignés par leurs collègues.

Les peines disciplinaires sont :

1° L'avertissement ;

2° Le blâme avec inscription au dossier ;

3° Le retard de l'avancement ou la radiation du tableau d'avancement ;

4° La rétrogration de grade ou de classe ;

5° La suspension, sans que la durée puisse excéder six (6) mois ;

6° La révocation.

Ne peut siéger dans le conseil de discipline l'employé sur le rapport ou la plainte duquel les poursuites disciplinaires ont été décidées.

L'employé traduit devant un conseil de discipline peut récuser un de ses membres.

En cas de faute grave ou en cas d'urgence, le maire peut, exceptionnellement, prononcer la suspension d'un employé avant la comparution de celui-ci devant le conseil de discipline. Si la peine prononcée ultérieurement n'est ni la révocation, ni la suspension, l'employé aura droit à son traitement pendant la durée de la suspension. En cas de suspension préalable, le conseil de discipline doit statuer dans le délai d'un (1) mois.

La délibération du conseil de discipline n'est valable que si elle est prise par cinq (5) membres au moins.

L'employé déféré bénéficie, s'il y a lieu, du partage des voix.

L'avis du conseil de discipline est motivé. Il est reproduit dans la décision du maire. Cette décision est notifiée à l'intéressé par lettre recommandée. Si la peine prononcée est celle de la suspension, il est tenu un compte, pour sa durée, de la durée de la suspension provisoire.

Le présent règlement a été délibéré et adopté par le conseil municipal de la commune d'Auray dans sa séance du 7 août 1920.

Vu pour être annexé à la délibération prise par le conseil municipal dans sa séance du 7 août 1920.

Le Maire,

L. HUETTE

Vu et approuvé :

Vannes, le 20 septembre 1920.

Pour le Préfet :

Le Secrétaire général délégué,

Signé : PROTEAU.

www.ingramcontent.com/pod-product-compliance
Lightning Source LLC
LaVergne TN
LVHW010305060726
842527LV00007B/2879